~~Keine~~ HALBEN SACHEN nähen

EMF

EIN BUCH DER
EDITION MICHAEL FISCHER

INHALT

Vorwort 4

Grundlagen

Die Grundausstattung 8

Die Nähgrundlagen 14

Wichtige Nähtechniken 19

Projekte

Bubikragen Berlin 26

Blusenmanschetten Barcelona 30

Blusenunterteil Hamburg 34

Blusenkragen Kopenhagen 38

Rollkrageneinsatz Helsinki 42

Nahttasche Nizza 46

Ärmelbündchen Kitzbühel 50

Parkaeinsatz London 56

Über die Autorin 62

Danke 63

VORWORT

Du kennst das sicher: Oft stehe ich vor dem Kleiderschrank und weiß nicht, was ich anziehen soll, da ich alle Kleidungsstücke schon sehr oft getragen habe.

Um dem Impuls zu widerstehen, mir dann etwas Neues zu kaufen (oder zu nähen), habe ich mir ein paar Kleinigkeiten ausgedacht, mit denen ich schon vorhandene Kleidungsstücke „aufhübschen" kann.

Ganz bewusst habe ich darauf geachtet, dass auch Stoffreste ausreichen, um viele der Projekte nachzuarbeiten.

Die Projekte in meinem Buch sind dank der Schritt-für-Schritt-Anleitung auch ohne große Vorkenntnisse leicht nachzuarbeiten.

Ich hoffe, ich kann dich mit diesem Buch für das Nähen begeistern, oder falls du das schon bist, noch ein paar Ideen für einige „Kleiderschrank-Add-ons" geben.

Finde dein Nähglück!

Deine Karin

Grundlagen

Die

GRUNDAUSSTATTUNG

Um die Projekte aus diesem Buch nachnähen zu können, benötigst du eine Grundausstattung. Viele der Werkzeuge, Materialien, Stoffe und Verstärkungen, die ich beschreibe, hast du sicher schon zu Hause. Ich erkläre dir natürlich auch, was du wofür benötigst.

DAS WERKZEUG

1 *Stoffschere*
Zum Zuschneiden der Stoffe. Eine gute Schere ist beim Nähen unerlässlich.

TIPP: Stoffschere ausschließlich für Stoff verwenden, und nicht zum Schneiden von Papier. Die Schere stumpft sonst ab und zieht beim nächsten Stoffzuschnitt Fäden.

2 *Papierschere*
Zum Ausschneiden der Schnittmuster und Schablonen.

3 *Zackenschere*
Ideal um Nahtzugaben zu kürzen.

4 *Stecknadeln*
Erst stecken, dann nähen! Stecknadeln sind unerlässlich, um zu verhindern, dass sich der Stoff beim Nähen verschiebt. Stecke die Nadeln immer quer zur Stoffkante. So kannst du sie leicht entfernen. Nähe nicht über die Stecknadeln, sonst kann die Nähmaschinennadel abbrechen.

5 *Stoffklammern*
Sind empfehlenswert, wenn viele dicke Stofflagen miteinander fixiert werden sollen.

6 *Sicherheitsnadel*
Perfekt um ein Gummiband durch einen Tunnel zu ziehen.

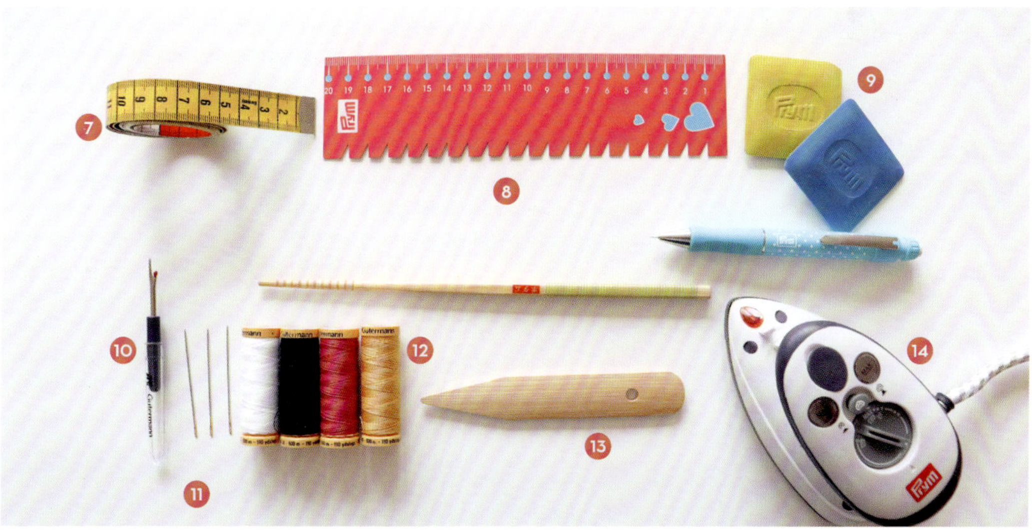

7 ***Maßband***
Für das Ausmessen von Stoffteilen.

8 ***Handmaß***
Ideal um kurze Strecken auszumessen.

9 ***Schneiderkreide/Markierstift***
Benötigt man zum Übertragen von Schnittmustern und Markierungen auf den Stoff. Stift/ Kreide sind wasserlöslich und lassen sich mit einem Tuch leicht entfernen.

10 ***Nahttrenner***
Eine unerlässliche Hilfe beim Auftrennen misslungener Nähte ... und das passiert ALLEN einmal! :-)

11 ***Handnähnadeln***
Ganz ohne geht es nicht. Kleine Wendeöffnungen lassen sich am schönsten mit der Hand verschließen. (siehe S. 19)

12 ***Nähgarn***
Meist reicht bei meinen Projekten ein einfaches Polyester-Nähgarn, ein sogenannter Allesnäher. Schön ist es aber, wenn es die passende Farbe zum Stoff hat.

13 ***Wendewerkzeug***
Hilft, bei dem gewendeten Projekt die Nähte auszustreichen und Ecken zu formen. Hierfür kannst du auch ein einfaches Essstäbchen benutzen.

14 ***Bügeleisen***
Alle Nähte sollten sofort nach der Naht gebügelt werden und nicht erst am Schluss. Es sei denn, das verwendete Material darf nicht gebügelt werden (z. B. Fleece). Mein Leitspruch: Gut gebügelt ist halb genäht! :-)

15 ***Gummiband***
Wird meistens mithilfe einer Sicherheitsnadel in einen Stofftunnel gezogen.

16 ***Kopierpapier***
Um ein Schnittmuster zu kopieren, benötigst du dünnes Seidenpapier. Das legst du auf das Schnittmuster, zeichnest alle Linien und Markierungen mit dem Bleistift nach und schneidest das so kopierte Schnittmuster danach aus.

Backpapier eignet sich auch!

17 ***Satinband***
Satinband ist ein gewebtes Band, das eine besonders glatte und glänzende Oberfläche hat.

18 ***Knöpfe***
Eigentlich hat man nie den passenden Knopf da. Darum empfehle ich immer, wenn man Stoff kauft, gleich die farblich passenden Knöpfe dazuzukaufen!

19 ***Reißverschlüsse***
Es eignen sich Kunststoff- oder Metallreißverschlüsse. Achte immer darauf, die passende Länge zu kaufen.

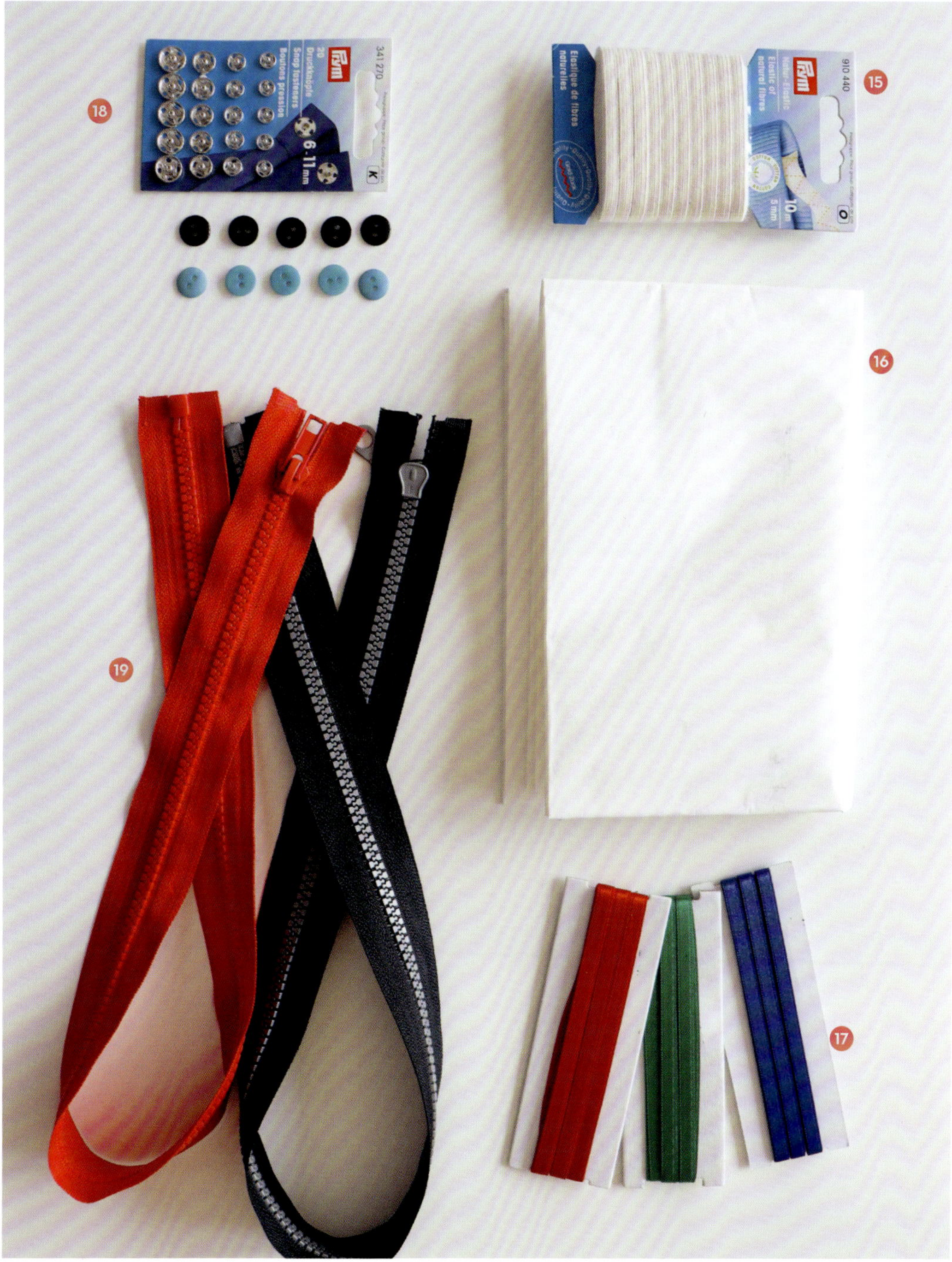
18
15
16
19
17

4
5
6
2
3
1
7

KLEINE STOFFKUNDE

Es gibt unzählige Stoffqualitäten. Für die im Buch gezeigten Projekte benötigst du aber nur folgende Stoffe und Verstärkungen:

1 *Baumwollwebware*

Als Webware bezeichnet man Stoffe, die in der Herstellung mit Kett- und Schussfäden gewebt werden. Dadurch hat sie eine geringe Dehnfähigkeit und eignet sich sehr gut für die im Buch beschriebenen Projekte.

Baumwolle ist nur das Material. Es ist ein 100 % natürlicher Stoff, der sehr strapazierfähig ist, aber dazu neigt, in der Wäsche einzulaufen. Offene Kanten können ausfransen und müssen mit einem Zickzackstick umnäht/versäubert werden.

2 *Viskosewebware*

Viskose wird aus natürlichen Zellulosefasern von Pflanzen hergestellt. Sie ist saugfähiger als Baumwolle, weich und angenehm auf der Haut zu tragen.

3 *Popeline*

Popeline ist eigentlich keine eigene Stoffgruppe, sondern nur eine besondere Webart. Popeline ist eher fein, hat einen leichten Glanz, ist strapazierfähig, leicht zu verarbeiten und daher sehr anfängerfreundlich.

4 *Jersey*

Ein dehnbarer Stoff, der gestrickt und nicht gewebt wird. Es gibt ihn aus Baumwolle oder auch aus synthetischem Material.

5 *Bündchenware/Fertigbündchen*

Bündchenware ist ein gestrickter Stoff, den es in glatter oder gerippter Ausführung gibt. Bündchenware wird gern als Saumabschluss an Bauch, Hals oder Ärmeln verwendet. Ich verwende gern Fertigbündchen. Das heißt, sie sind fertig geschnitten, haben eine saubere Kante, müssen nicht doppelt gelegt und können sofort angenäht werden.

6 *Steppstoffe*

Ein Steppstoff besteht aus mindestens zwei Lagen Stoff mit einer Wattierung dazwischen. Damit die Stoffschichten nicht verrutschen, werden die Lagen mit dekorativen Steppnähten zusammengenäht.

TIPP: Wasche alle Stoffe unbedingt vor dem Zuschnitt. Die meisten Stoffe laufen bei der ersten Wäsche ein. Ausnahme: Steppstoffe! Sie dürfen nur vorsichtig von Hand gewaschen werden und laufen auch nicht ein.

7 *Vlieseline H180*

Aufbügelbare leichte Vlieseinlage aus einem Synthetikfasermix. Ideal zur Stabilisierung von Stoffen. Die Vlieseline immer nach Herstellerangabe aufbügeln und danach auskühlen lassen.

TIPP: Bei den Stoffverstärkungen/Vliesen findet man die Herstellerangabe zum Aufbügeln in der Regel auf der Stoffkante.

TIPP: Um das Bügeleisen zu schonen, immer ein altes Handtuch zwischen Vlies und Bügeleisen legen.

Die NÄHGRUNDLAGEN

Hier möchte ich dir kurz Geräte, Abkürzungen und Nähbegriffe erklären, die ich im Buch verwendet habe.

DIE NÄHMASCHINE UND IHRE WICHTIGSTEN STICHARTEN

Alle Projekte in diesem Buch können mit einer normalen Haushaltsnähmaschine nachgearbeitet werden. Grundsätzlich ist es gut, wenn du die Anleitung für deine Maschine immer zur Hand hast und sie im Idealfall auch schon mal gelesen hast. :-)

In welcher Reihenfolge du das Garn einfädelst, ist oft auf der Maschine nummeriert. Das Gleiche gilt für das Aufspulen des Unterfadens. Wie es funktioniert, hängt von der jeweiligen Maschine ab.

Sobald die Spule eingesetzt und die Nadel eingefädelt ist, solltest du einen Reststoff nehmen und die Maschine ausprobieren.
Dieses Probenähen mache ich tatsächlich immer noch vor jedem neuen Projekt, denn auch jeder Stoff und jedes Garn sind anders.

Meist in einer kleine Schublade versteckt, gibt es für jede Nähmaschine auch unterschiedliche Nähfüßchen für verschiedene Nähtechniken.

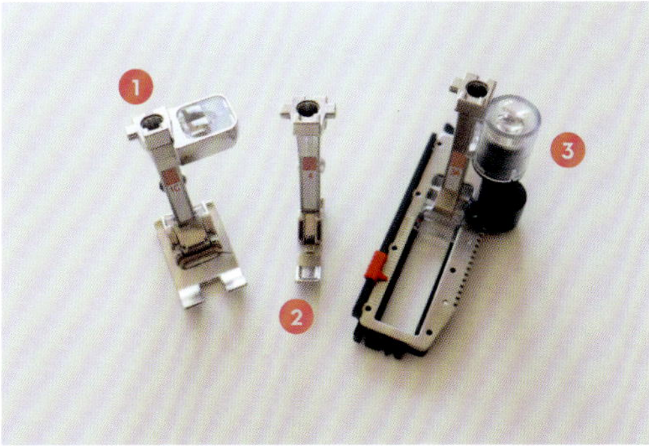

Für die Projekte im Buch wäre es gut, wenn du folgende Nähfüßchen besitzt und sie auch anbringen kannst! (Wie gesagt ..., die Anleitung ist immer hilfreich!)

1 *Standardfüßchen*

Mit diesem Füßchen kannst du theoretisch alle Projekte nähen. Die Öffnung für die Nadel ist breit genug für den Gerad-, aber auch den Zickzackstich.

2 *Reißverschlussfüßchen*

Bei dem sehr schmalen Füßchen kann man die Nadel so einstellen, dass sie links oder rechts vom Füßchen einsticht, sodass man von beiden Seiten sehr nah am Reißverschluss entlangnähen kann.

TIPP: Wenn du kein Reißverschlussfüßchen für deine Nähmaschine hast, kannst du auch das Standardfüßchen verwenden und die Nadelposition so verändern, dass du möglichst nah am Reißverschluss entlangnähen kannst!

3 *Knopflochfüßchen*

Mit diesem speziellen Füßchen und der Knopflochautomatik deiner Nähmaschine lassen sich Knopflöcher sehr einfach nähen.

In diesem Buch werden nur zwei Sticharten verwendet:

1 *Der Geradstich*

Grundsätzlich nähe ich mit einer Stichlänge von 2,5 mm. Allerdings kann die Stichlänge je nach Stoffart variieren, aber das habe ich dann in der Anleitung erwähnt.

2 *Der Zickzackstich*

In erster Linie verwende ich hier den Zickzackstich, um Stoffränder, die ausfransen können, zu versäubern. Dazu die Stichbreite und -länge auf einen mittleren Wert einstellen. Die Nadel trifft abwechselnd in den Stoff und ins Leere.

TIPP: Falls du eine Overlockmaschine besitzt, kannst du natürlich auch mit dieser den Stoffrand versäubern.

Bei elastischen Stoffen werden, um die Dehnbarkeit des Materials zu erhalten, die Nähte mit einem sehr flach eingestellten Zickzackstich genäht.

Falls deine Maschine einen Elastikstich hat, kannst du diesen natürlich auch verwenden.

Für ein perfektes Stichbild ist es auch wichtig, die richtige Maschinennadel zu benutzen. Für jeden Stoff und Zweck gibt es die optimale Nadel. Lass dich im Fachhandel beraten.

ABKÜRZUNGEN

In den Anleitungen verwende ich verschiedene Abkürzungen:

SB = Schnittmusterbogen

NZ = Nahtzugabe(n)

HM = Hintere Mitte

VM = Vordere Mitte

RT = Rückteil

VT = Vorderteil

STOFFVERBRAUCH UND GRÖSSEN

Im Buch findest du Projekte in den Größen S, M, L und XL. Die meisten der Add-ons können aus Stoffresten genäht werden. Im Projekt steht dann aber auch jeweils der Stoffverbrauch (bei 140 cm Stoffbreite) der größten Größe (XL).

TIPP: Nimm die fertig kopierten Schnittteile mit ins Stoffgeschäft und lege sie grob auf den Stoff. So kannst du den Stoffverbrauch genau bestimmen!

WICHTIGE NÄHBEGRIFFE

Bruch/Stoffbruch
Der Bruch ist die Falte die entsteht, wenn der Stoff doppelt gelegt wird. Beim Zuschnitt braucht es keine NZ an dieser Kante. Nach dem Zuschnitt sollte der Bruch immer (mit einem Knips) markiert werden, da er genau die Mitte des Schnittteils bildet.

Bügeln
Ich weiß ... das Wort hört niemand gerne, aber es ist beim Nähen einfach unersetzlich! Schon vor dem Zuschneiden sollte der Stoff schön glatt gebügelt werden. Auch beim Nähen muss immer wieder zwischendurch gebügelt werden. Beispielsweise die NZ. Lege den Stoff mit der NZ nach oben auf das Bügelbrett, drücke die NZ zuerst mit den Fingern etwas auseinander und bügele sie dann flach.

Fadenlauf
Mit dem Fadenlauf ist die Längsrichtung des Gewebes gemeint. Der Fadenlauf verläuft immer parallel zur Webkante des Stoffes. Außerdem sind Stoffe in Richtung des Fadenlaufs meist weniger dehnbar. Auf den Schnittteilen ist, wenn nötig, der Fadenlauf mit einem Pfeil gekennzeichnet. Beim Auflegen der Schnittteile auf den Stoff muss der Pfeil immer parallel zur Webkante verlaufen.

Gegengleich zuschneiden
Gegengleich, oder eben auch spiegelverkehrt, bedeutet, dass das Schnittteil gespiegelt wird. Lege das Schnittmuster auf den in doppelter Stofflage gefalteten Stoff und schneide entsprechend zu. Dadurch erhälst du dann zwei Schnittteile, die gegengleich sind.

Knappkantig steppen
Unter knappkantigem Steppen versteht man eine Naht entlang einer Kante auf der rechten Seite des Stoffes, um das Projekt zu stabilisieren. Die Naht verläuft etwa 2 mm neben der Stoffkante.

Knipse/Markierungen
Knipse sind kleine Markierungen innerhalb der NZ, die du vom Schnittmuster auf den Stoff mit einem Markierstift/Kreide überträgst. Du kannst auch kleine Einschnitte an diesen Stellen machen. Beim Zusammenfügen einzelner Schnittteile sollten die Knipse/Markierungen aufeinanderliegen.

Linke Stoffseite
Das ist die nicht so schöne Stoffseite, die beim fertigen Projekt innen ist.

Links auf links
In wenigen Fällen werden Schnittteile links auf links gelegt, genäht. Die ie rechten Stoffseiten sind beim Nähen außen.

Matratzenstich
Das ist eine unsichtbare Naht, die, von Hand genäht, von der rechten Stoffseite aus eine Wendeöffnung schließt. Eine detaillierte Anleitung findest du auf S. 19 .

Nahtzugabe
Die NZ ist der Abstand zwischen Naht und Stoffkante. **Bei den Projekten in diesem Buch ist die Nahtzugabe von 1 cm bei allen Schnittmustern bereits enthalten!**

Nahtzugabe einkürzen
Bei Rundungen und Ecken werden Nahtzugaben mit einer Schere eingeschnitten bzw. abgeschnitten. Ecken werden so beim Wenden nicht zu dick, und in den Rundungen lassen sich die Nahtzugaben schön flach legen.

Rechte Stoffseite
Das ist die schöne Stoffseite, die beim fertigen Projekt außen ist.

Rechts auf rechts
In den meisten Fällen werden die Schnittteile rechts auf rechts gelegt und genäht. Die linken Stoffseiten sind beim Nähen außen.

Stecken
Alle Projekte müssen vor dem Nähen mit Stecknadeln zusammengesteckt werden. Stecke die Nadeln immer quer zur Stoffkante. So kannst du sie leicht entfernen. Nähe aber nicht über die Stecknadeln, sonst bricht die Nähmaschinennadel ab.

Für dickere Stoffe sind Stoffklammern empfehlenswert.

Steppen
Mit der Maschine im Geradstich nähen. Wenn es nicht anders vermerkt ist, wird mit einem Abstand von 1cm zur Stoffkante gesteppt.

Schnittmusterbogen
Auf dem Schnittmusterbogen findest du die Schnittmuster und Schablonen in Originalgröße, die ich für die Projekte verwendet habe. Du kannst sie entweder mit speziellem Kopierpapier oder aber auch Seidenpapier oder Malerfolie abzeichnen und ausschneiden. In den Anleitungen verwende ich dafür die Abkürzung SB.

Schnittmuster kopieren
Dazu legst du das Kopierpapier auf das Schnittmuster und zeichnest alle Linien sowie Markierungen mit einem Bleistift nach und schneidest das so kopierte Schnittmuster aus.

Achte darauf, dass du auch alle Markierungen und Linien nachzeichnest!

Schnittmuster übertragen
Lege das kopierte Schnittmuster auf die linke Seite des Stoffes. Stecke es mit ein paar Nadeln fest und zeichne den Umriss mit der Schneiderkreide nach. WICHTIG! Vergiss nicht, die Markierungen zu übertragen, wenn es welche gibt!

Auf dem Schnittmuster steht auch, wie oft es zugeschnitten werden muss. Für zwei gleiche Teile faltest du den Stoff rechts auf rechts und steckst dann erst das Schnittmuster auf.

Dadurch erhälst du dann zwei Schnittteile, die gegengleich sind.

Verriegeln
Damit sich eine Naht nicht wieder auftrennt, werden am Nahtanfang und -ende jeweils zwei bis drei Stiche vorwärts und rückwärts genäht.

Versäubern / Versäuberungsnaht
Damit Stoffkanten nicht ausfransen, werden sie mit dem Zickzackstich versäubert. Die Nadel trifft abwechselnd in den Stoff und ins Leere. Wer eine Overlockmaschine hat, kann die Stoffränder natürlich auch mit dieser versäubern.

Webkante
Die Webkante ist die etwas festere und meist steife Kante des Stoffes. Der Fadenlauf verläuft immer parallel zur Webkante.

Wenden
Wenden bedeutet, zusammengenähte Schnittteile über eine Wendeöffnung von links auf rechts umzudrehen, sodass die NZ auf der Innenseite des Stückes zu liegen kommen.

Nach dem Wenden die Ecken mit einem Stäbchen oder einem Kantenformer ausformen und anschließend sorgfältig flach bügeln.

Wichtige NÄHTECHNIKEN

Diese Nähtechniken werden für viele Projekte im Buch benötigt. Darum erkläre ich sie hier noch mal ganz genau:

MATRATZENSTICH

Den Matratzenstich verwende ich, um eine Öffnung, beispielsweise eine Wendeöffnung, von der rechten Seite aus so gut wie unsichtbar von Hand zu verschließen.

Los geht's!

1. Zunächst die NZ der Wendeöffnung nach innen bügeln.
2. Nun das Garn in die Nadel einfädeln und an einem Ende verknoten.
3. Man sticht von innen nach außen mit der Nadel ganz am Anfang der Öffnung ein und zieht den Faden bis zum Knoten stramm.
4. Als Nächstes mit der Nadel innerhalb der NZ einer Seite einstechen und das Gleiche an der gegenüberliegenden Seite der Öffnung wiederholen. Je enger die Stiche, um so unsichtbarer ist nachher die Naht. Es sieht nun ein wenig wie eine Leiter aus.
5. Ich habe dir mal aufgezeichnet, wie die Stiche gesetzt werden müssen:

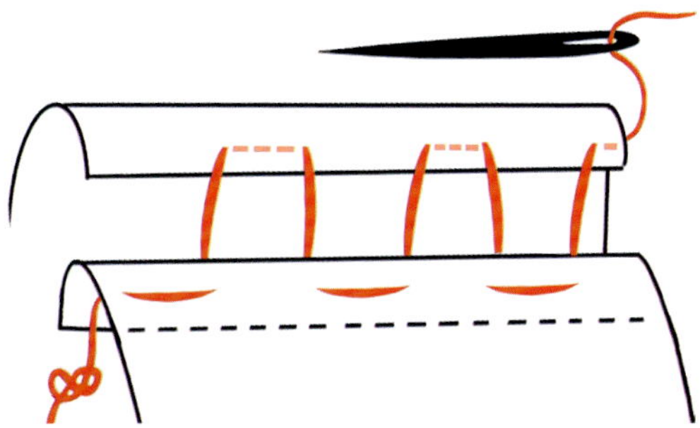

6. Nach ca. 1 cm Naht am Garn ziehen, damit die Naht sich zuzieht. Danach im selben Schema weiternähen.
7. Am Ende ein bis zwei Rückstiche nähen und das Garn verknoten. Fertig!

KRÄUSELN

Beim Kräuseln wird die Mehrweite an Stoff auf eine bestimmte Breite gebracht. Die Technik benötigt man zum Beispiel bei Röcken, um sie auf die Breite des Bündchens zu verkürzen.

Los geht's

1. An der Nähmaschine den Geradstich mit der längstmöglichen Stichlänge einstellen. Bei mir sind das 6 mm.
2. Ober- und Unterfaden möglichst lang lassen. 1 cm von der Stoffkante entfernt eine Naht steppen. Achtung! Hier NICHT verriegeln und die Fäden lang lassen. 1 cm daneben eine zweite Naht ebenso steppen.
3. Jetzt vorsichtig an den beiden Oberfäden ziehen und den Stoff einkräuseln. Erst von der einen, dann von der anderen Seite aus.
4. Die Kräusel gleichmäßig verteilen und den Stoff rechts auf rechts auf das glatte Gegenstück stecken und steppen.
5. Zum Schluss nur noch die Kräuselfäden vorsichtig entfernen.

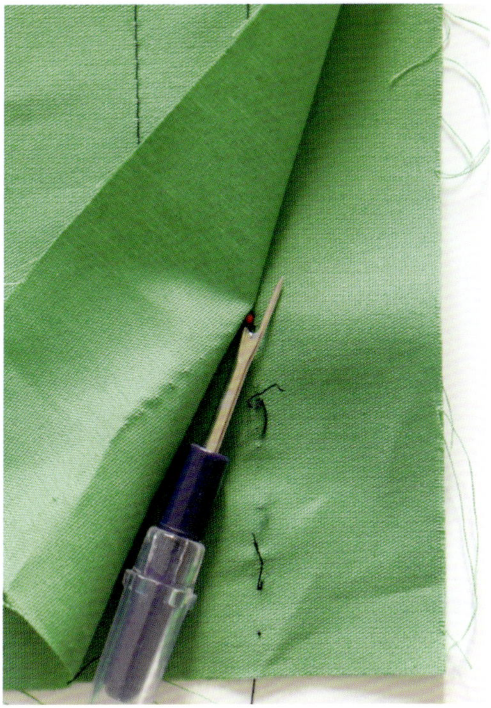

NAHT TRENNEN

*Jede*r kennt es. (Ich auch!) Nicht jede Naht klappt auf Anhieb, darum muss sie wieder aufgetrennt werden. Ganz einfach geht das mit dem Nahttrenner. Er ist oben geformt wie ein kleines U. Eine Seite hat eine Spitze und die andere eine kleine Kugel. Dazwischen ist ein Messer.*

Los geht's

1. Zum Trennen gibt es zwei Möglichkeiten. Die erste: Schiebe das längere spitze Ende unter eine Naht und schneide sie ab. Das wiederholst du alle 4–5 Stiche. Nun nimmst du die Fäden und ziehst sie heraus. Entferne auch die übrigen Fadenreste.
2. Die zweite Methode: Trenne die Naht zwischen den Stoffstücken. Klappe die Stoffe auf, schiebe den Trenner dieses Mal mit der Kugel zuerst unter die Naht und schiebe ihn vorsichtig vor. Dabei trennt das Messer die Naht, und die kleine Kugel verhindert, dass Löcher in den Stoff gerissen werden.

KNOPFLÖCHER

Ich weiß, dass für viele das Knopflochnähen sehr schwierig erscheint, aber eigentlich haben die meisten Nähmaschinen mittlerweile eine Knopflochautomatik, die das Knopfloch quasi von selbst näht. Schau in die Anleitung der Nähmaschine und nähe erst einmal ein paar Probeknopflöcher.

Los geht`s

1. Stelle die Maschine ein und montiere das passende Füßchen.
2. Lege die Position des Knopfloches anhand des Schnittmusters fest und markiere die Stelle mit Schneiderkreide genau. Nähe nun, nach einem Probeknopfloch, mutig drauf los. Im Prinzip besteht ein Knopfloch nur aus 2 langen Zickzack-Raupen, die oben und unten mit einem Riegel begrenzt sind.
3. Mit einem Nahttrenner oder einer spitzen Schere wird das Knopfloch dann aufgetrennt. Damit nicht aus Versehen der Riegel mit aufgeschnitten wird, stecke ich mir immer eine Nadel als „Bremse“ vor den Riegel.

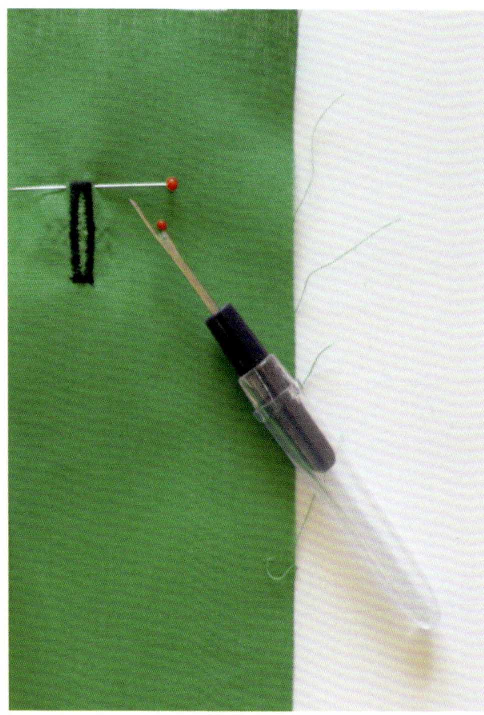

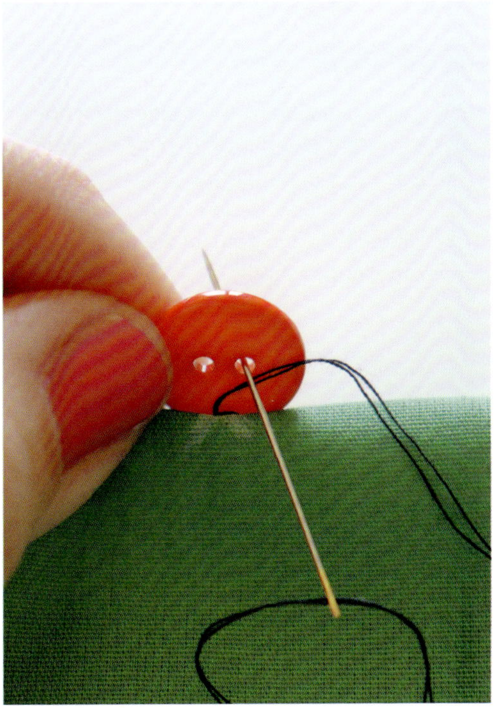

KNOPF ANNÄHEN

*Kennst du den Satz: "Ich kann noch nicht mal einen Knopf annähen?" So wie ich es mache, ist es aber wirklich ganz einfach. Das kann jede*r!*

Los geht's

1. Das Garn doppelt legen und einfädeln.
2. Nun mit der Nadel in den Stoff stechen, das Garn nicht ganz durchziehen, sondern mit der Nadel noch mal durch die Schlaufe am Ende stechen und dann erst stramm ziehen. So ist kein störender Knoten auf der linken Stoffseite.
3. Den Stoff in den Bruch legen und den Knopf dahinter festhalten. So kannst du jetzt ganz einfach immer wieder in den Stoff stechen und dann in ein Knopfloch. Wiederhole das 3-4 Mal und denke daran, bei vier Löchern über Kreuz zu nähen!
4. Zum Schluss nur noch das Garn ein paar mal unter dem Knopf herumwickeln. So entsteht ein „Stiel". Jetzt einen Knoten machen und fertig! War nicht so schwer, oder?

Projekte

Bubikragen
BERLIN

Manchmal benötigt man nicht viel, um ein Kleidungsstück „aufzuhübschen“. Einen kleinen abnehmbaren Bubikragen zum Beispiel! Da er so schnell genäht ist, habe ich ihn in zwei unterschiedlichen Formen kreiert, denn du wirst sicher nicht nur einen nähen wollen!

STOFFWAHL

Es eignet sich am besten dünne Baumwollwebware. Auch eine Viskosewebware ist möglich. Hauptsache ohne Elasthananteil!

STOFFVERBRAUCH & NÄHZUTATEN

- Baumwollwebware
  Stoffverbrauch für Größe XL: 50 cm
- Bügeleinlage z. B Vliseline H180
- Satin- oder Samtband ca. 40 cm lang und 1–2 cm breit
- passendes Nähgarn
- Stecknadeln

ZUSCHNITT

Aus Baumwollwebware:

- 1 x Bubikragen Oberkragen im Bruch
- 1 x Bubikragen Unterkragen im Bruch

Aus Bügeleinlage:

- 1 x Bubikragen Oberkragen im Bruch
- 1 x Bubikragen Unterkragen im Bruch

Aus Satinband:

- 2 x Bindeband ca. 20 cm

Eine NZ von 1 cm ist im Schnitt bereits enthalten!

VORBEREITUNG

- Die Bügeleinlage nach der Gebrauchsanleitung des Herstellers auf die linke Seite des Stoffes aufbügeln (siehe S. 13).

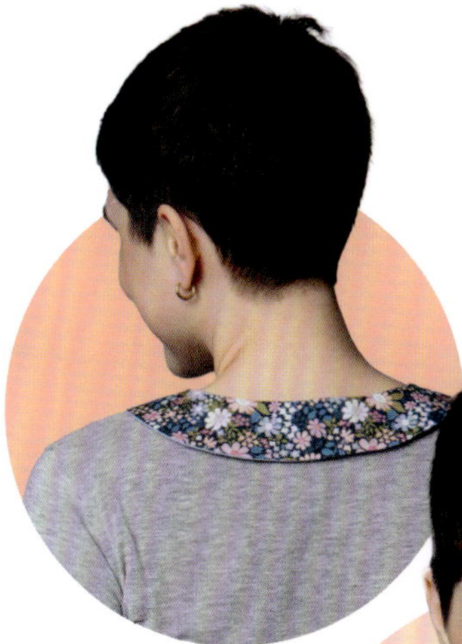

Du findest alle Schnittteile auf SB 1

	S	M	L	XL
HALSWEITE	50	52	54	56
KRAGENHÖHE	4	4	4	4

*alle Angaben in cm

SO GEHT'S

1. Alle Nahtzeichen sorgfältig auf den Stoff übertragen.
2. Ober- und Unterkragen rechts auf rechts an der kürzeren Rundung stecken und steppen. Die Wendeöffnung nicht vergessen!
3. Den Kragen nun an den vorderen Rundungen ein wenig aufklappen und die Bindebänder auf die Markierungen stecken.
4. Zurückklappen und die äußere Kante stecken und steppen.

TIPP: Damit die Bindebänder nicht aus Versehen mitgefasst werden beim Steppen, lege ich sie so, dass sie aus der Wendeöffnung herausschauen!

5. Nun die Nahtzugaben einkürzen (siehe S. 17). Den Kragen wenden. Mithilfe eines Stäbchen alle Nähte sorgfältig ausstreichen und anschließend bügeln.
6. Jetzt nur noch die Wendeöffnung von Hand mit dem Matratzenstich (siehe S. 19) schließen.

Fertig! Deinen Bubikragen umlegen, die Schleife schließen und sich über das kleine romantische Detail in deinem Kleiderschrank freuen!

Blusenmanschetten

BARCELONA

STOFFWAHL

Es eignet sich am besten Baumwollwebware. Auch eine Viskosewebware wäre möglich. Besonders elegant wirken die Manschetten aus Popelinestoff oder sogar Seide!

STOFFVERBRAUCH & NÄHZUTATEN

- Webware
  Stoffverbrauch für Größe XL: 50 cm
- Bügeleinlage z. B Vliseline H180
- 4 passende Knöpfe mit 10–15 mm Ø
- passendes Nähgarn
- Stecknadeln

ZUSCHNITT

Aus Webware:

- 4 x Manschette
- 2 x Manschettenrüsche

Aus Bügeleinlage:

- 4 x Manschette

Eine NZ von 1 cm ist im Schnitt bereits enthalten!

TIPP: Statt des Schnittteils Rüsche kann auch eine fertige Rüsche verwendet werden. Oder wenn es ganz schnell gehen soll ... die Rüsche einfach weglassen!

VORBEREITUNG

- Die Bügeleinlage nach der Gebrauchsanleitung des Herstellers auf die linke Seite des Stoffes aufbügeln (siehe S. 13).
- Alle Nahtzeichen sorgfältig auf den Stoff übertragen.

Manschetten unter einem Pulli sind zeitlos elegant und wirklich, wirklich einfach zu nähen! Versprochen! Das wird ein schnelles und schickes Erfolgserlebnis!

Du findest alle Schnittteile auf SB 2

	S	M	L	XL
MANSCHETTENWEITE	21	21,7	22,4	23
MANSCHETTENBREITE	7	7	7	7
RÜSCHENBREITE	3	3	3	3

*alle Angaben in cm

SO GEHT'S

1. Zunächst bügelst du die Rüschenschnittteile an den kurzen Kanten 1cm breit auf links um. Dann die Rüschenschnittteile auf der ganzen Länge in den Bruch legen und bügeln.
2. Die kurzen Seiten stecken und steppen.
3. Nun die langen noch offenen Seiten mit zwei Kräuselfäden versehen (Anleitung siehe S.20) und die Rüschenteile auf die Breite der Manschettenteile (minus 2 cm) einkräuseln.
4. Jeweils eine eingekräuselte Rüsche rechts auf rechts oben auf ein Manschettenschnittteil stecken und innerhalb der NZ steppen.
5. ACHTUNG! Beginne mit dem Stecken jeweils 1cm vom Rand der Manschette entfernt!
6. Die Kräuselfäden entfernen. Danach ein Manschettenteil ohne und eins mit Rüsche rechts auf rechts stecken und rundherum steppen.

TIPP:
Um die Kräuselfäden später leichter entfernen zu können, ist es hilfreich, dafür eine andere Garnfarbe zu benutzen! So bist du sicher, dass du später nicht die Naht wieder auftrennst, sondern nur die Kräuselfäden!

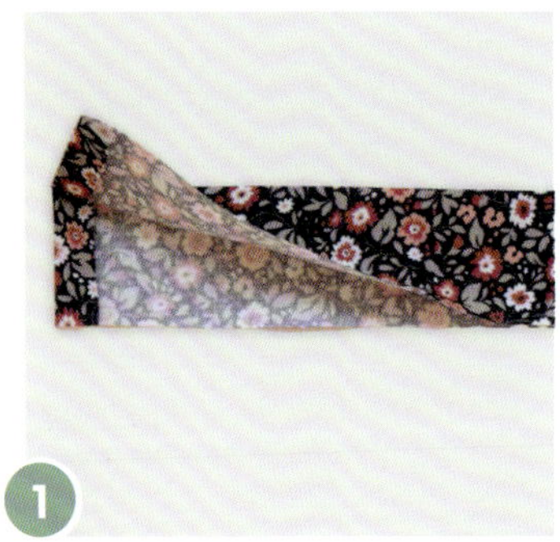

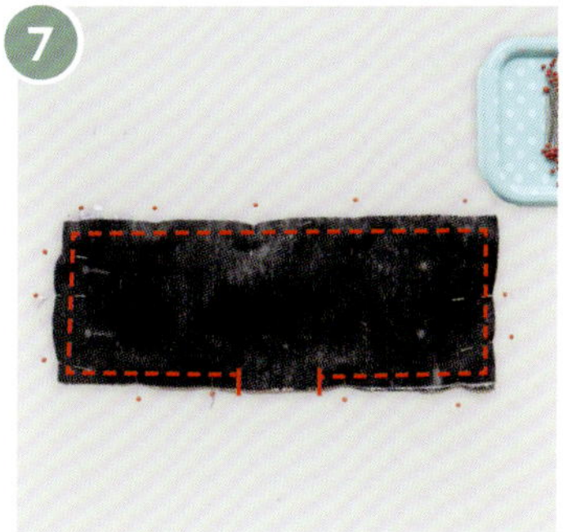

7 Unten die Wendeöffnung nicht vergessen. Achte darauf, dass die Rüsche an den Seiten nicht mitgefasst wird!

8 Die NZ einkürzen (siehe S. 17), die Manschette wenden und sorgfältig bügeln. Zum Schluss rundherum knappkantig absteppen. Dabei wird die Wendeöffnung automatisch geschlossen.

9 Dann nur noch die Knopflöcher wie eingezeichnet nähen (siehe S. 22) und die Knöpfe passend auf der anderen Seite annähen. Die zweite Manschette ebenso arbeiten.

Fertig! Ob in Barcelona oder bei dir daheim. Du kannst jetzt mit deinen neuen Manschetten glänzen!

TIPP:
Mit Druckknöpfen geht es natürlich noch schneller!

TIPP: Schneide das Rüschenschnittteil doch mal in einer anderen Farbe zu als das Manschettenteil, das gibt einen tollen Effekt!

Blusenunterteil HAMBURG

STOFFWAHL

Es eignet sich jede Art von Baumwoll- oder Viskosewebware. Besonders edel wirkt das Blusenunterteil aus Popelinestoffen!

So eine witzige „Blusenattrappe" ist ideal, um etwas zu kurze Oberteile zu verlängern. Sie passt perfekt zu all deinen Lieblingspullis!

STOFFVERBRAUCH & NÄHZUTATEN

- Webware
  Stoffverbrauch für Größe XL: 80 cm
- 3 passende Knöpfe mit 10–15 mm Ø
- passendes Nähgarn
- Gummiband ca. 2 cm breit,
  Länge für Größe XL: 80 cm
- Stecknadeln

Du findest alle Schnittteile auf SB 1

ZUSCHNITT

Aus Webware:

- 1 x Blusenunterteil Rückteil im Bruch
- 2 x Blusenunterteil Vorderteil gegengleich

Eine NZ von 1 cm ist im Schnitt bereits enthalten!

VORBEREITUNG

- Alle Nahtzeichen sorgfältig auf den Stoff übertragen.

TIPP: Um es dir ganz einfach zu machen, kannst du auch eine vorhandene alte Bluse (oder eine aus dem Secondhand Shop) abschneiden! Dann musst du nur noch die Schritte 5–11 nacharbeiten!

	S	M	L	XL
TAILLENUMFANG	64	70	76	82
TAILLENUMFANG GEDEHNT	115	121	127	133
GANZE LÄNGE	37	37	37	37

*alle Angaben in cm

SO GEHT'S

1. Bügle zunächst die vorderen Kanten der Vorderteile zwei mal auf links um. Zuerst 1 cm breit (NZ), dann noch einmal an der Umbruchlinie. Achte dabei auf die Markierungen im Schnitt!
2. Stecke und steppe die so gebügelten Knopfleisten knappkantig ab.
3. Rücken- und Vorderteile an den Seitennähten mit dem Zickzackstich der Nähmaschine oder der Overlock versäubern. Danach die beiden Vorderteile rechts auf rechts auf das Rückteil stecken und die Seitennähte steppen. Die NZ auseinanderbügeln.
4. Obere und untere Kanten des Blusenunterteils mit dem Zickzackstich der Nähmaschine oder mit der Overlock versäubern. Den Saum (untere gerundete Kante) 1 cm breit umbügeln, stecken und von der rechten Seite aus steppen.

TIPP: Bei einem abgerundeten Saum ist es hilfreich, wirklich viele Stecknadeln zu benutzen. So vermeidest du unschöne Falten beim Steppen.

5. Nun den oberen Rand erst 1 cm und dann noch mal 2,5 cm breit auf links umbügeln und dann wieder aufklappen.
6. Die vorderen schon genähten Knopfleisten übereinanderlegen und stecken.

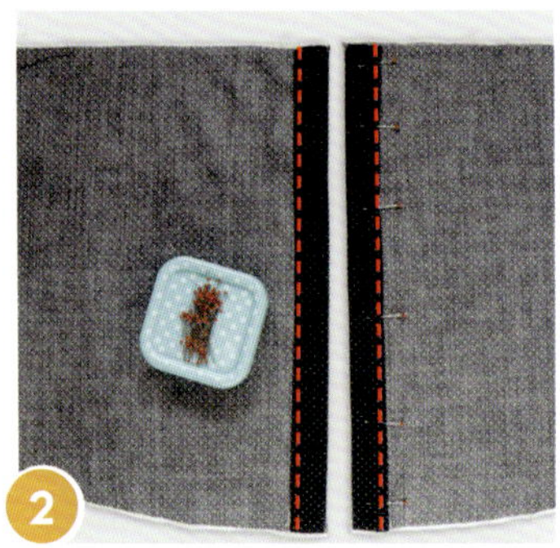

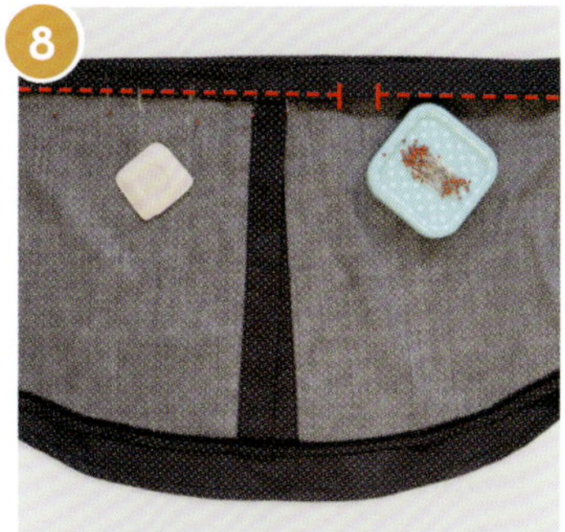

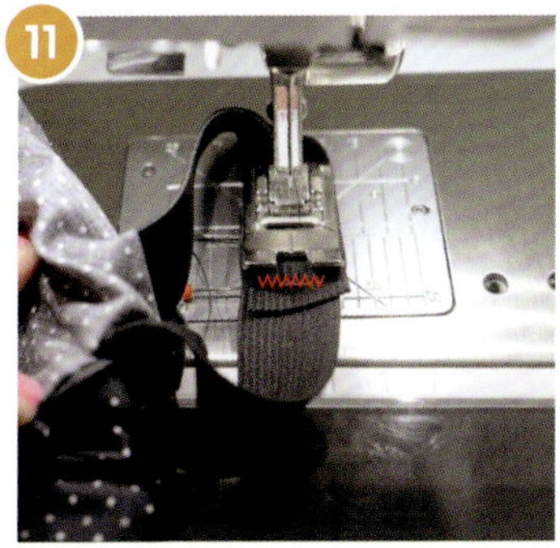

TIPP: Die rechte Blusenseite liegt über der linken!

7. Mit einer kurzen Naht die Bluse innerhalb des Tunnels fixieren.

8. Anschließend das Blusenunterteil wenden und die vorher umgebügelte obere Kante wieder zurückklappen, stecken und knappkantig steppen. Eine kleine Öffnung für das Gummiband lassen!

9. Jetzt die gute Nachricht! :-) Es müssen keine Knopflöcher genäht werden!
Einfach die Knopfleisten übereinanderlegen, stecken und die Knöpfe gemäß den Markierungen von Hand annähen (siehe S. 23). Hierbei durch alle Stofflagen nähen!

10. Nur noch das Gummiband mithilfe einer Sicherheitsnadel einziehen.

11. Die Enden des Gummibandes mit einem Zickzackstich zusammennähen. Danach noch die kleine Öffnung für das Gummiband zunähen und fertig ist dein geschummeltes Blusenunterteil in bequemer A-Linie!

TIPP: Das Schnittmuster kann natürlich beliebig verlängert oder gekürzt werden! Schau einfach, wie es dir am besten gefällt!

Blusenkragen

KOPENHAGEN

STOFFWAHL

Es eignet sich am besten Baumwollwebware. Auch eine Viskosewebware ist möglich. Besonders elegant wirkt der Blusenkragen aus Popelinestoff oder sogar Seide!

STOFFVERBRAUCH & NÄHZUTATEN

- Baumwollwebware
  Stoffverbrauch für Größe XL: 30 cm
- Bügeleinlage z. B Vliseline H180
- 4 passende Knöpfe mit 10–15 mm Ø
- passendes Nähgarn
- Stecknadeln

ZUSCHNITT

Aus Baumwollwebware:

- 1 x Blusenkragen Rückteil im Bruch
- 2 x Blusenkragen Vorderteil gegengleich
- 1 x Blusenkragen Unterkragen im Bruch
- 1 x Blusenkragen Oberkragen im Bruch
- 2 x Blusenkragen Steg gegengleich

Aus Bügeleinlage:

- 1 x Blusenkragen Unterkragen im Bruch
- 1 x Blusenkragen Oberkragen im Bruch
- 2 x Blusenkragen Steg gegengleich

Eine NZ von 1 cm ist im Schnitt bereits enthalten!

VORBEREITUNG

- Die Bügeleinlage nach der Gebrauchsanleitung des Herstellers auf die linke Seite des Stoffes aufbügeln (siehe S. 13).
- Alle Nahtzeichen sorgfältig auf den Stoff übertragen.

Eine Bluse, die unter einem Pulli hervorblitzt, ist immer sehr elegant, aber nicht unbedingt bequem. Mich stört der ganze Stoff, der sich unter dem Pulli „knubbelt“. Mit einem Blusenkargen zum Einstecken ist man auf jeden Fall bequem und schick gekleidet!

Du findest alle Schnittteile auf SB 1

	S	M	L	XL
SCHULTERBREITE	8,5	8,5	8,5	8,5
GANZE LÄNGE	14,5	14,5	14,5	14,5
HALSWEITE	41	43	44,5	46
KRAGENHÖHE	7	7	7	7

alle Angaben in cm

SO GEHT'S

1. Bügle zunächst die vorderen Kanten der Vorderteile zwei mal auf links um. Achte dabei auf die Markierungen im Schnitt.

2. Steppe die so gebügelten Knopfleisten.

3. Danach Vorderteile und Rückteil an den Schultern rechts auf rechts stecken und füßchenbreit steppen. Die NZ gemeinsam versäubern und nach hinten bügeln.

4. Jetzt geht es an den Kragen! Ober - und Unterkragen rechts auf rechts stecken und an den kurzen und der langen Seite steppen. NZ einkürzen (siehe S. 17), den Kragen wenden und sorgfältig bügeln.

TIPP: Der Oberkragen ist etwas größer als der Unterkragen. So „blitzt" er später beim fertigen Kleidungsstück nicht hervor.

5. Nun beim äußeren Kragensteg die untere Schnittkante 1 cm breit auf links umbügeln.

6. Dann den inneren Kragesteg rechts auf rechts auf den Oberkragen stecken und zwischen den Markierungen steppen.

7. Anschließend den äußeren Kragensteg rechts auf rechts auf den Unterkragen stecken und steppen – auch in den Rundungen!
Die umgebügelte untere Kante bleibt dabei umgebügelt und der Kragen liegt wie in einem Sandwich zwischen den beiden Stegen. NZ einkürzen, alles wenden und sorgfältig bügeln.

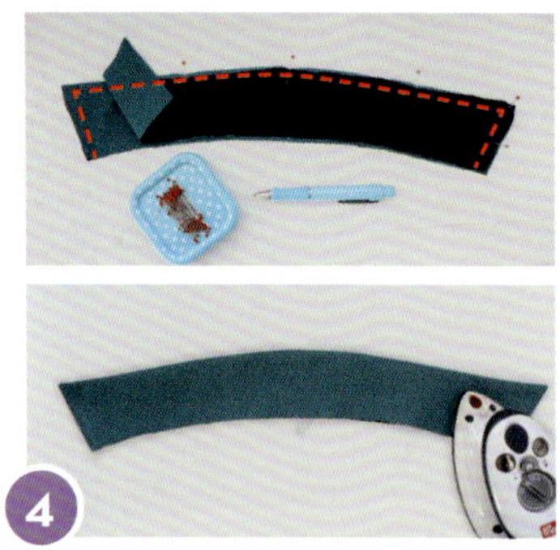

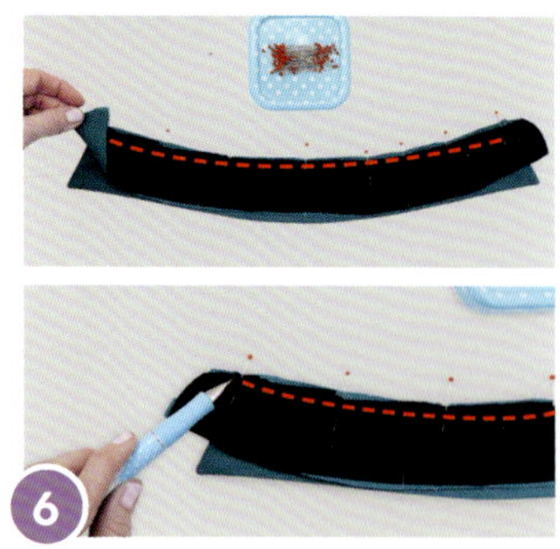

7

8
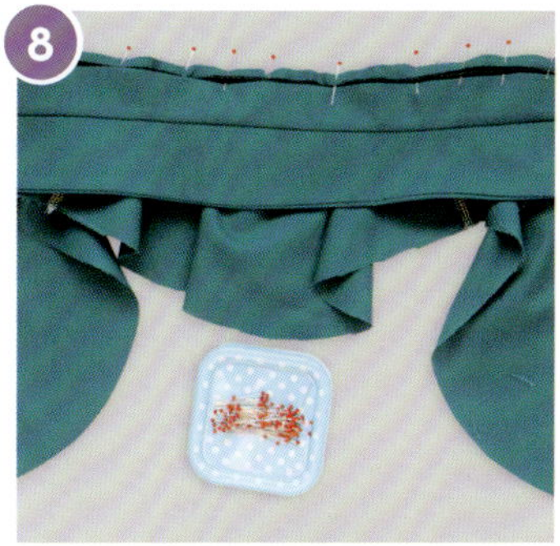

9

10
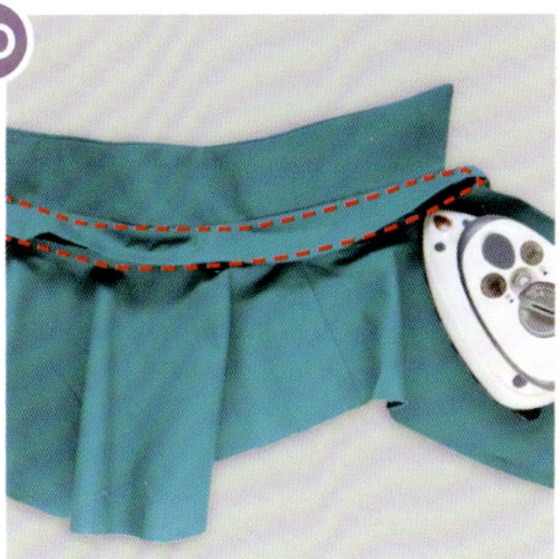

11
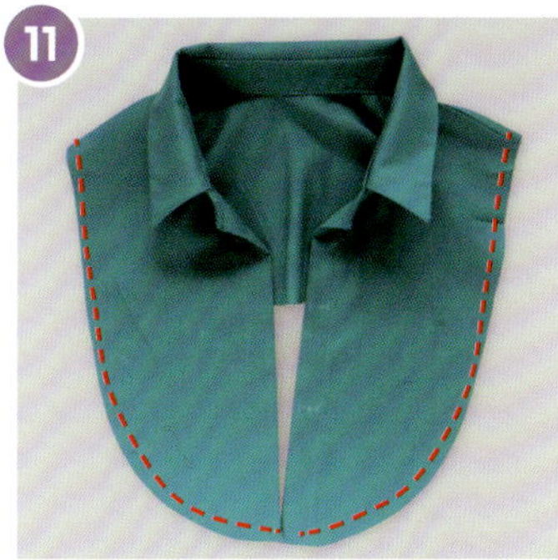

12

TIPP: Nähe nun eine Hilfsnaht entlang der umgebügelten Kante des Steges. So ist es leichter, den Kragen an den Halsausschnitt zu steppen!

8 Stecke nun den vorbereiteten Kragen rechts auf links (!) in den Halsausschnitt.

9 Steppe knapp links neben der Hilfsnaht. Achte auf die Markierungen!

10 Die NZ in den Kragen bügeln. Jetzt den Kragensteg stecken und rundherum knappkantig absteppen.

TIPP: Stecke die Nadeln hier ausnahmsweise längs. So gehst du sicher, dass du den Steg auch auf der Unterseite triffst beim Absteppen.

11 Alles sorgfältig bügeln und die äußere Kante des Blusenkragens mit dem Zickzackstich der Nähmaschine oder mit der Overlock versäubern. Die Kante dann 1 cm breit auf links bügeln, stecken und steppen.

12 Zum Schluss nur noch, wie eingezeichnet, die Knopflöcher in das rechte Vorderteil arbeiten und die Knöpfe passend dazu auf das linke Vorderteil von Hand annähen (siehe S. 23).

Fertig! Jetzt hast du mit dem Blusenkragen „Kopenhagen“ das perfekte „Add- on“ für das nächste Geschäftsessen! :-)

Rollkrageneinsatz
HELSINKI

STOFFWAHL

Es eignet sich am besten ein dünner Jerseystoff mit hohem Elastananteil, damit der Rollkragen auch gut über den Kopf passt, aber trotzdem schön eng am Hals anliegt.

TIPP: Wer es nicht so gerne mag, dass der Rollkragen so eng anliegt – einfach eine Nummer größer nähen!

STOFFVERBRAUCH & NÄHZUTATEN

- Jersey oder auch Sweatshirtstoff Stoffverbrauch für Größe XL: 30 cm
- passendes Nähgarn
- Stecknadeln

TIPP: Unbedingt einen elastischen Stich an deiner Nähmaschine wählen oder eine Overlock benutzen!

ZUSCHNITT

Aus Jersey:

- 1 x Rollkrageneinsatz Kragen
- 1 x Rollkrageneinsatz Vorderteil im Bruch
- 1 x Rollkrageneinsatz Rückteil im Bruch

Eine NZ von 1 cm ist im Schnitt bereits enthalten!

VORBEREITUNG

- Alle Nahtzeichen sorgfältig auf den Stoff übertragen.

In meinem Schrank gibt es 2-3 Lieblingspullis, die ich ständig trage. Damit das nicht zu lanweilig wird, habe ich mir einige Rollkrageneinsätze dazu genäht, sodass ich das Styling schnell ändern kann. So habe ich trotz Lieblingspulli jeden Tag ein neues Outfit!

Du findest alle Schnittteile auf SB 2

	S	M	L	XL
SCHULTERBREITE	9	9	9	9
GANZE LÄNGE	18	18	18	18
HALSWEITE	38,5	40	41,5	43
KRAGENHÖHE	8	8	8	8

**alle Angaben in cm*

SO GEHT'S

1. NZ des Vorder- und Rückteils an den Schultern mit einem Zickzackstich oder mit der Overlock versäubern. Vorder- und Rückteil an den Schultern rechts auf rechts stecken und steppen. NZ auseinanderbügeln.
2. Das Kragenteil an den kurzen Seiten rechts auf rechts aufeinanderstecken und steppen. NZ gemeinsam versäubern.
3. Im nächsten Schritt das Kragenteil links auf links in den Bruch legen und bügeln.
4. Jetzt das gebügelte Kragenteil rechts auf rechts in den Ausschnitt des Rollkrageneinsatzes stecken und steppen. Achte darauf, dass die Nahtzeichen aufeinandertreffen! Anschließend die NZ gemeinsam versäubern.

TIPP: Benutze zum Steppen die Freiarmfunktion deiner Nähmaschine. So ist es viel einfacher.

5. Den Rollkrageneinsatz nur noch am äußeren Rand mit dem Zickzackstich der Nähmaschine oder mit der Overlock versäubern.
6. Du kannst nun die NZ noch 1 cm breit auf links bügeln und absteppen. Das sieht noch schöner aus. Diesen Schritt kannst du aber auch weglassen, denn der Kragen verschwindet ja eh unter dem Pulli! ;-)

Fertig! Nun kannst du dich darüber freuen, keinen kalten Hals mehr zu bekommen und mit dem Rollkrageneinsatz deine Pullis aufpeppen zu können!

1

2

3

4

5

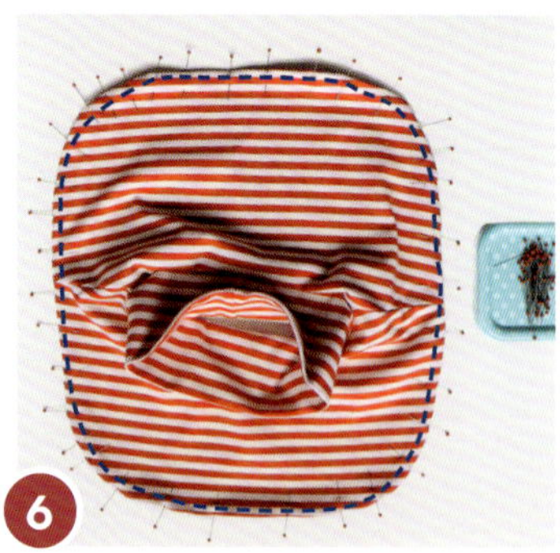
6

Nahttasche
NIZZA

STOFFWAHL

Entscheide dich immer für die gleiche Stoffart wie die des Kleidungsstücks. Hier ist es Baumwollwebware. Bei einem Jerseykleid zum Beispiel solltest du auch Jersey für die Taschen benutzen.

TIPP: Als witziges Detail kannst du auch einen Stoff in einer Kontrastfarbe für die Nahttasche benutzen, die dann manchmal aus der Seitennaht herausblitzt!

STOFFVERBRAUCH & NÄHZUTATEN

- Reststück passenden Stoffes ca. 30 cm
- passendes Nähgarn
- Stecknadeln
- Nahttrenner
- Rock/Kleid, in das die Taschen eingesetzt werden

ZUSCHNITT

Aus Stoff:

- 4 x Nahttasche, davon 2 x gegengleich

Eine NZ von 1 cm ist im Schnitt bereits enthalten!

VORBEREITUNG

- Alle Nahtzeichen sorgfältig auf den Stoff übertragen.

Ich weiß nicht, wie es dir geht, aber ein Kleid oder ein Rock ohne Taschen ist für mich einfach nicht vollständig! Am liebsten habe ich Nahttaschen. Sie sind unauffällig und ändern den Stil des Kleidungsstückes nicht.

Du findest alle Schnittteile auf SB 2

SO GEHT'S

1. Bestimme die Position der Nahttasche. Ziehe dafür den Rock/das Kleid an und schau, wie es für dich bequem wäre. (Hier ca. 15 cm unterhalb der Hüfte) Markiere nun die oberste Stelle der geplanten Taschenposition mit Schneiderkreide oder einer Stecknadel.

2. Ziehe das Kleidungsstück aus, drehe es auf links und miss die Position der Nahttasche genau aus, damit du sie exakt so auf die andere Seite übertragen kannst.

3. Lege das Schnittteil auf das Kleidungsstück und markiere mit einem Knips oder Schneiderkreide Anfang und Ende der Nahttasche durch alle Stofflagen.

4. Trenne die Naht des Kleidungsstückes auf. Beginne und ende dabei ca. 3–5 cm ober- und unterhalb des geplanten Tascheneingriffes.

5. Versäubere alle vier Taschenteile rundherum und auch die aufgetrennten Seitennähte des Kleidungsstückes mit dem Zickzackstich deiner Nähmaschine oder mit der Overlock.

6. Nun das Kleidungsstück wieder wenden. Stecke ein Taschenteil rechts auf rechts zwischen den Markierungen auf die vordere Seite des Kleidungsstückes und steppe es fest – in der gleichen Breite, wie das Kleidungsstück vorher an dieser Stelle war.

TIPP: Achte unbedingt darauf, dass der Beutel nach unten zeigt!

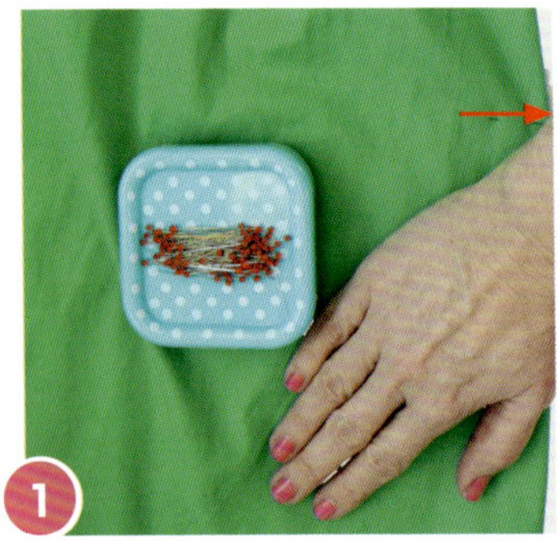
1

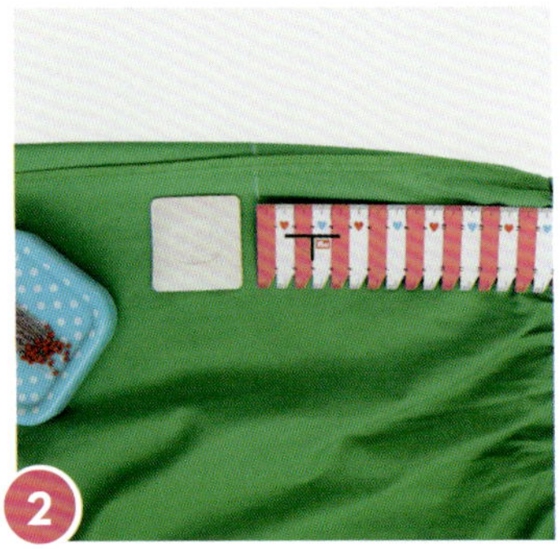
2

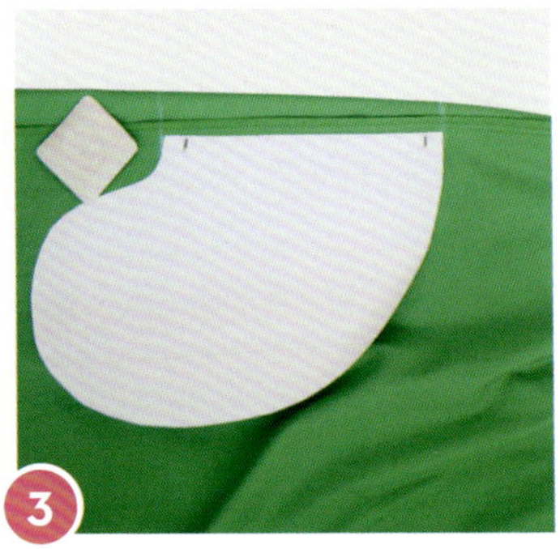
3

4

5

6

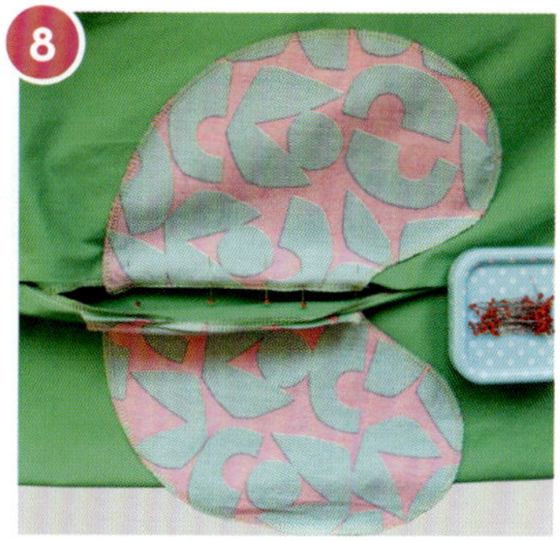

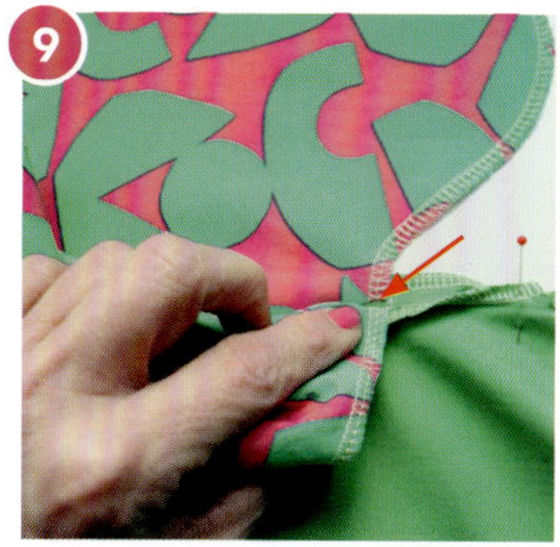

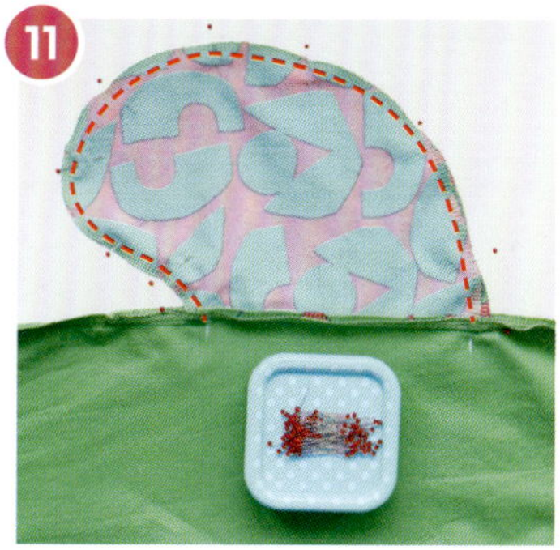

7 Bügle Tasche und Seitennaht auseinander.

8 Wiederhole diese Schritte auf der Rückseite des Kleidungsstückes.

9 Das Kleidungsstück wenden. Lege Vorder- und Rückteil des Taschenbeutels rechts auf rechts. Achte darauf, dass die Ansatznaht der Taschenbeutel exakt aufeinanderliegt!

10 Stecke die noch offene Seitennaht des Kleidungsstückes oberhalb und unterhalb der Nahttasche bis zur Markierung (1 cm Entfernung von der Kante der Nahttasche) und steppe sie zu.

11 Bügle die Nähte auseinander. Klappe nun die Taschenbeutel zum Vorderteil, stecke sie zusammen und steppe sie rundherum.

12 Achtung! Die Naht beginnt und endet wieder genau an der Ansatznaht!

Wiederhole alle Arbeitsschritte auf der anderen Seite deines Kleidungsstückes und freue dich darüber, jetzt immer einen Platz für deine Hände zu haben! :-)

Ärmelbündchen KITZBÜHEL

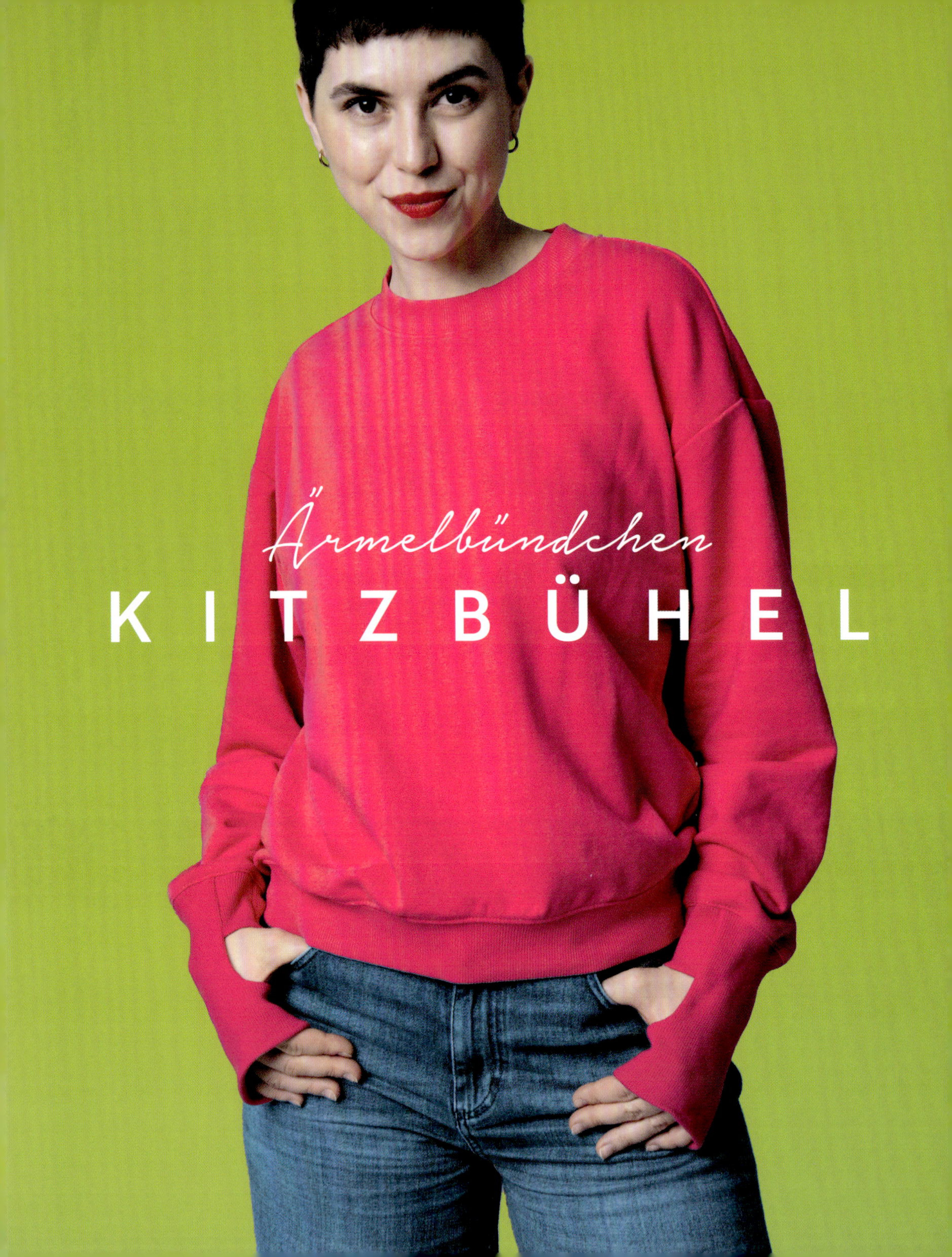

STOFFWAHL

Es eignet sich am besten farblich passender Bündchenstoff. Dieser hat genügend Elastizität und ausreichend Dicke. In einer Kontrastfarbe kann das Ärmelbündchen auch toll aussehen!

STOFFVERBRAUCH & NÄHZUTATEN

- Bündchenstoff
  Stoffverbrauch für Größe XL: 40 cm
- passendes Nähgarn
- Stecknadeln
- Langarmsweatshirt

TIPP: Bündchenstoff sieht meistens auf der rechten und linken Stoffseite ähnlich aus. Markiere dir vor dem Zuschnitt die linke Stoffseite mit Schneiderkreide!

ZUSCHNITT

Aus Bündchenstoff:

- 2 x Ärmelbündchen Handteller gegengleich
- 2 x Ärmelbündchen Daumenlochstreifen gegengleich

Eine NZ von 1 cm ist im Schnitt bereits enthalten!

VORBEREITUNG

- Alle Nahtzeichen sorgfältig auf den Stoff übertragen.
- Die Ärmelbündchen des Sweatshirts abtrennen.

Hand hoch. Wer ist noch so eine Frostbeule wie ich? Für die Winterzeit besitze ich jede Menge Sweatshirts und liebe es, wenn sie am Ärmelbündchen ein Daumenloch haben. So rutschen die Ärmel unter einer Jacke nicht hoch, und ich spare mir oft sogar die Handschuhe! Ich zeige hier, wie vorhandene Sweatshirts „nachgerüstet" werden können.

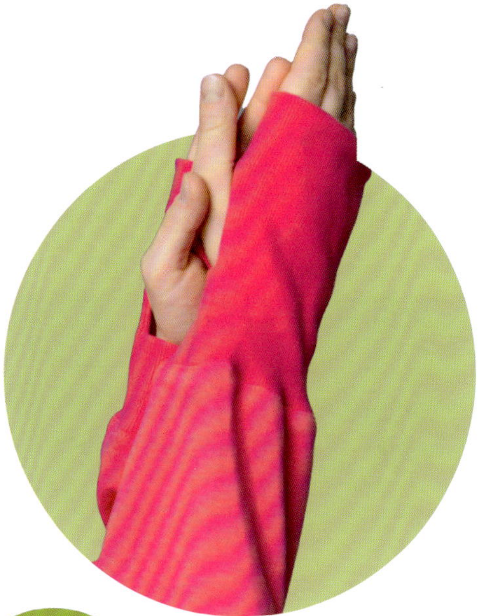

Du findest alle Schnittteile auf SB 1

	S	M	L	XL
STULPENHÖHE	15	15	15	15
STULPENUMFANG	20	21,2	22,6	24

alle Angaben in cm

SO GEHT'S

1. Die Daumenlochstreifen links auf links in den Bruch legen und bügeln.
2. Einen Daumenlochstreifen rechts auf rechts auf ein Handtellerschnittteil an das Daumenloch stecken, und zwar auf die breitere Seite. Der Umbruch des Daumenlochstreifens trifft auf die Markierung am Daumenloch.
3. Das Handtellerschnittteil rechts auf rechts in den Bruch legen, sodass die Daumenlöcher aufeinanderpassen. Stecken.
4. Dann von einer Markierung beginnend bis zum Ende der anderen Seite steppen. Der Dauemnlochstreifen liegt dazwischen. Die NZ in der Rundung bis knapp vor die Naht einschneiden.

TIPP: Benutze zum Nähen von Bündchenstoff Nähnadeln mit abgerundeter Kugelspitze wie etwa die Jerseynadel. Andere Nadeln können sonst Löcher in den Stoff reißen.

5. Das Ärmelbündchen wenden und sorgfältig bügeln.
6. Die noch offene Seite des Daumenlochstreifens rechts auf rechts auf die offene Strecke des Daumenloches stecken. Dafür muss das Handtellerschnittteil zum Teil umgeklappt werden.

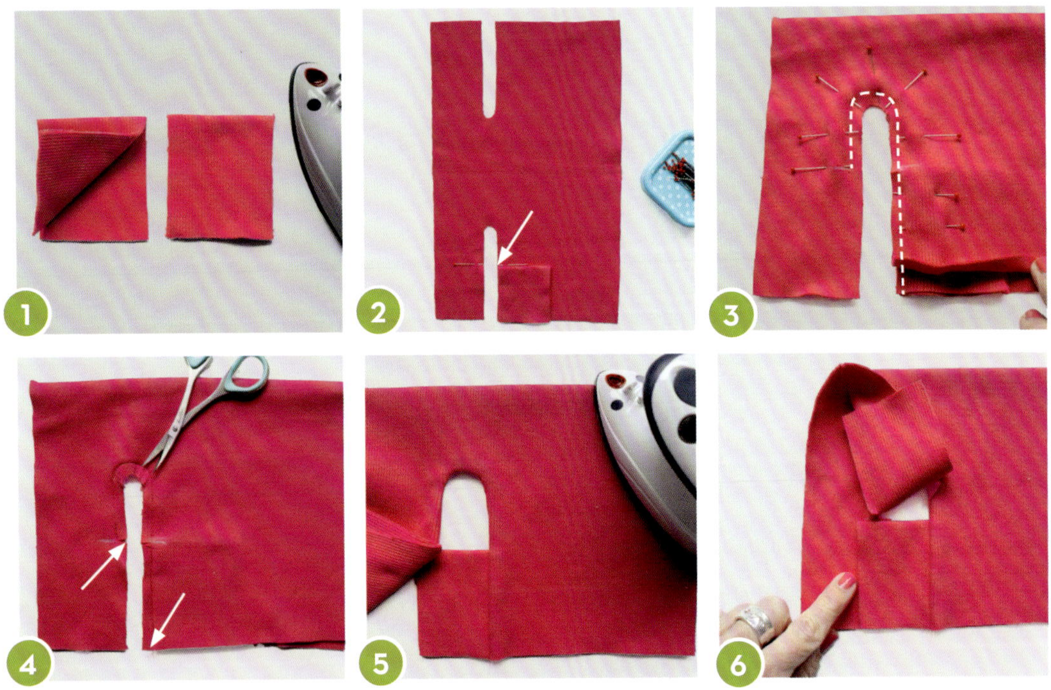

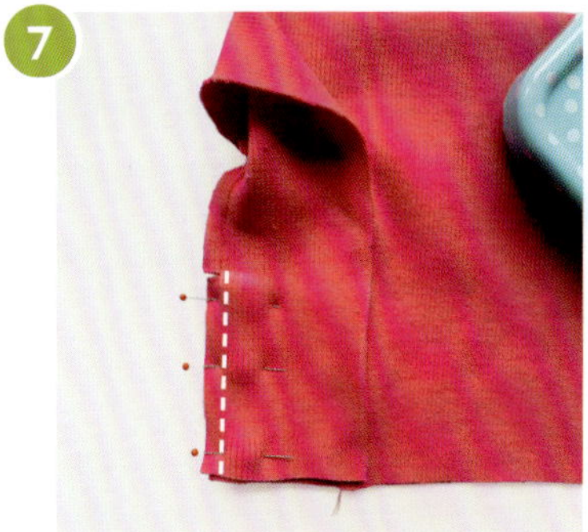

7 Stecken und exakt bis zur Markierung steppen. Die Naht endet damit genau am Anfang der ersten Naht.

8 Das Handtellerschnittteil wieder links auf links legen und alles sorgfältig bügeln.

9 Anschließend das Handtellerschnittteil noch zu einer Rundung schließen. Dafür die noch offenen Seiten rechts auf rechts stecken und fortlaufend steppen.

10 Alles gut bügeln und das zweite Bündchen genauso arbeiten. Achte darauf, dass die Ärmelbündchen nach dem Wenden gegengleich sind!

WEITER GEHT'S

11 Nun nur noch die Ärmelbündchen in die Ärmel einsetzen. Ordne sie erst einmal den passenden Ärmeln zu. Die Naht des Bündchens läuft am kleinen Finger entlang. Genau wie die Naht des Ärmels.

12 Das Sweatshirt auf links wenden, das Bündchen rechts auf rechts in den Ärmel stecken und steppen. Das Bündchen wird dabei gedehnt! Achte darauf, dass die Nähte sich treffen!

13 Die Nahtzugabe gemeinsam mit dem Zickzackstich der Nähmaschine oder der Overlock versäubern. Alles wenden und sorgfältig bügeln.

Wer möchte, kann das Ärmelbündchen noch knappkantig absteppen und sich dann über warme Finger im Winter freuen!

11

12

13

Parkaeinsatz
LONDON

STOFFWAHL

Es eignet sich am besten ein Steppstoff, der von beiden Stoffseiten „schön“ ist. So muss der Parkaeinsatz auch nicht gefüttert werden.

STOFFVERBRAUCH & NÄHZUTATEN

- Steppstoff
  Stoffverbrauch für Größe XL: 100 cm
- Reißverschluss, 45 cm lang
- passendes Nähgarn
- Stoffklammern

TIPP: Einstiche von Stecknadeln hinterlassen Löcher im Steppstoff, darum besser Klammern verwenden und eine spezielle Microtex-Nadel für die Nähmaschine nutzen!

ZUSCHNITT

Aus Steppstoff:

- 2 x Parkaeinsatz Kapuze gegengleich
- 1 x Parkaeinsatz Kapuze hinten
- 2 x Parkaeinsatz Vorderteil gegengleich
- 2 x Parkaeinsatz Beleg vorne gegengleich
- 2 x Parkaeinsatz Kapuzenbeleg gegengleich
- 1 x Parkaeinsatz Rückteil im Bruch

Eine NZ von 1 cm ist im Schnitt bereits enthalten!

VORBEREITUNG

- Alle Nahtzeichen sorgfältig auf den Stoff übertragen.

Einen Schal zu besitzen mit integrierter Kapuze ... das war schon immer mein Traum. Aber bitte in „cool“. :-)

Darum habe ich diesen „Parkaeinsatz“ kreiert. Er passt unter die meisten Übergangsjacken und macht sie so durchaus wintertauglich. Auch das Lieblings-Jacket kann damit noch bei kühleren Temperaturen getragen werden.

Du findest alle Schnittteile auf SB 2

	S	M	L	XL
SCHULTERBREITE	9	9	9	9
KAPUZENHÖHE	38	38	39	39
GANZE LÄNGE	32,5	32,5	32,5	32,5
HALSWEITE	20,5	21,2	21,8	22,4
REISSERLÄNGE	45	45	45	45

*alle Angaben in cm

SO GEHT'S

1 Für die Kapuze ein Kapuzenseitenteil rechts auf rechts auf die lange Seite des hinteren Kapuzenteils stecken und füßchenbreit steppen. Achte darauf, dass die Nahtzeichen aufeinandertreffen!

TIPP: Der Steppstoff „klebt" am Nähfüßchen? Verwende ein Nähfüßchen mit Gleitsohle z. B. einen Teflonfuß. Oder beklebe das Standardnähfüßchen unten mit „Washitape". Schon „flutscht" es!

2 Die NZ zusammen mit dem Zickzackstich der Nähmaschine oder mit der Overlock versäubern. Nun das zweite Kapuzenseitenteil rechts auf rechts auf die lange Seite des hinteren Kapuzenteils stecken und steppen. NZ auch hier gemeinsam versäubern.

3 Danach die Schnittteile für Rück- und Vorderteile an den Schultern rechts auf rechts stecken und füßchenbreit steppen. Bei so voluminösen Stoffen ist eine größere Stichlänge hilfreich, damit sich nichts wellt. Ich nähe meist mit Stichlänge 3,5!
Die NZ dann gemeinsam versäubern.

4 Im nächsten Schritt die Kapuze rechts auf rechts auf den Halsausschnitt von Rück- und Vorderteilen stecken und steppen. Beginne mit dem Stecken an der hinteren Mitte und stecke dann rechts und links davon bis zur vorderen Kante. Die Nahtzeichen treffen hierbei aufeinander! Die NZ wieder gemeinsam versäubern.

5 Jetzt die Kapuzenbelege an den hinteren kurzen Seiten

1

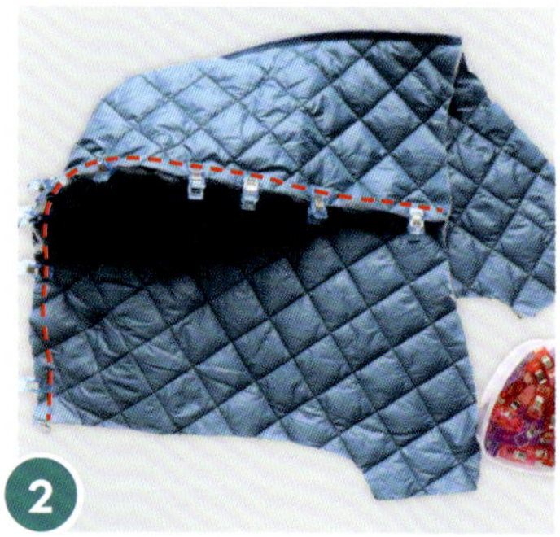
2

3

4

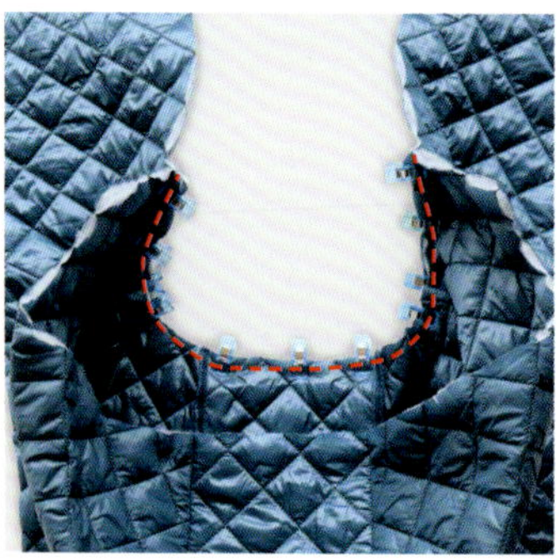

5

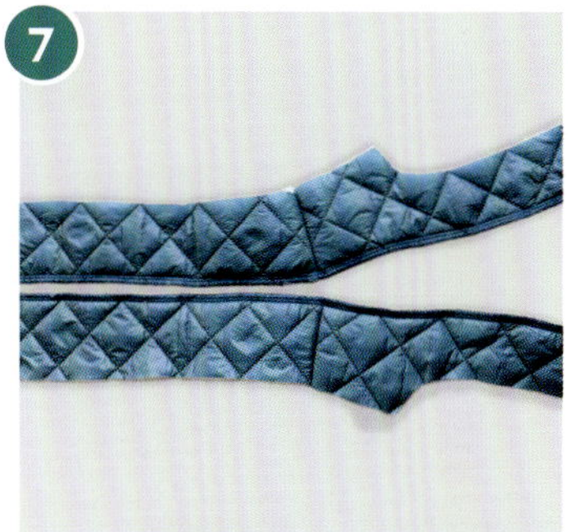

rechts auf rechts stecken, steppen und versäubern.

6 Danach die beiden Belege „vorne" rechts auf rechts an den Kapuzenbeleg stecken. Die kurzen Seiten „oben" treffen auf den Kapuzenbeleg. Füßchenbreit steppen und versäubern.

7 Nun die gesammte innere lange Seite des Beleges versäubern.

TIPP: Es ist die Seite OHNE Nahtzeichen!

8 Es folgt der Reißverschluss. Dafür legst du dir den fast fertigen Parkaeinsatz mit der rechten Seite oben vor dich hin und den teilbaren Reißverschluss, auch mit der rechten Seite nach oben, geöffnet dazwischen.

9 Nun die Reißverschlussbänder einmal umdrehen und rechts auf rechts auf die vorderen Kanten der Vorderteile stecken.

10 Darauf achten, dass das oberste Zähnchen vom Reißverschluss 1 cm von der Stoffkante entfernt liegt.

11 Jetzt ist es sinnvoll, den Parkaeinsatz einmal vorsichtig zu schließen, um zu überprüfen, dass die Kapuzennähte auch aufeinandertreffen. Sonst noch einmal neu stecken!

WEITER GEHT'S

12 Den Reißverschluss möglichst nah an den Zähnchen entlang feststeppen. Benutze dafür das Reißverschlussfüßchen deiner Nähmaschine oder verändere die Nadelposition! (Anleitung siehe S. 15)

TIPP: Wenn du am Reißverschlussschieber angekommen bist, die Nadel im Stoff versenken, Füßchen heben und den Schieber vorsichtig vorbeidrücken.

13 Den Beleg rechts auf rechts auf die Vorderteile stecken, der Reißverschluss liegt zwischen den Stofflagen.

14 Rundherum steppen. Von innen steppen, um die vorherige Naht an den Vorderteilen genau zu treffen.

15 Die NZ an den Ecken einkürzen. Dabei auch das überstehende Band des Reißverschlusses kürzen.

16 Den Beleg nach innen wenden, die Ecken mit einem Stäbchen ausarbeiten. Rundherum absteppen. Die vorderen Kanten füßchenbreit absteppen und die Kapuze 3 cm von der Kante entfernt absteppen.

TIPP: Für ein gleichmäßiges Stichbild beim Absteppen einen langen Stich nutzen.

17 Zum Schluss alle noch offenen Kanten mit dem Zickzackstich oder mit der Overlock versäubern. Die Kanten könnten auch mit farblich passendem Schrägband eingefaßt werden, was aber nicht nötig ist, da sie unter der Jacke verschwinden!

Fertig! Du kannst dich darauf freuen, deinen Parkaeinsatz „London" auszuführen und nun keine kalten Ohren mehr zu bekommen! :-)

12

13

14

15

16

17

Über DIE AUTORIN

Hey, ich bin Karin!

Ich lebe in Düsseldorf und blogge seit über 10 Jahren unter dem Namen Herzenssachen und bin auf Instagram unter dem Namen „herzenssachennaeht" zu finden.

Der Name ist entstanden, da ich meine Projekte immer mit sehr viel Herzblut nähe und auch nur selten verkaufe.

Angefangen hat alles mit meiner wunderbaren Oma. Sie war Hutmacherin (sie hätte gesagt Modistin) und hatte in ihrer Küche eine alte Tret-Nähmaschine stehen. Als Kind war ich täglich bei ihr und habe oft, auf dem Boden sitzend, beobachtet, wie sie das Fußbrett getreten hat, und war völlig fasziniert von der Funktion der Nähmaschine.

Als Teenager in den Achtzigern habe ich dann viele Nähkurse belegt und mit 16 meine erste eigene Maschine bekommen. Diese hat mich sehr viele Jahre begleitet. Seit der Geburt meiner Tochter hat mich das Nähfieber richtig gepackt und mittlerweile nähe ich noch lieber Kleidung und Accessoires für mich selbst.

Seit einigen Jahren habe ich mein Hobby zum Beruf gemacht und gebe Nähkurse in meinem eigenen Atelier. Es macht mir wahnsinnig viel Freude, meine Leidenschaft an andere Nähbegeisterte weiterzugeben.

Zwei Jahre lang durfte ich als Expertin regelmäßig live im WDR für die Sendung „daheim + unterwegs" nähen und die von mir entworfenen Anleitungen auf der Webseite des Senders veröffentlichen.

Es ist und bleibt spannend, und ich freue mich darauf, wohin mich die Reise mit meiner Nähmaschine noch führt! :-)

Deine Karin

Dank DER AUTORIN

In erster Linie möchte ich meinem Mann und meiner Tochter danken, die es immer klaglos ertragen, wenn ich in der Phase der Buchabgabe keine Zeit für sie habe! :-)

Auch allen anderen in der Familie und meinen Freunden, die immer an mich glauben, auch wenn ich es oft nicht tue.

Dem Verlag, insbesondere Saskia Reusch, mit der ich die Ideen für das Buch ausgeheckt habe, und Anja Brinkmann, die mit mir gemeinsam das Buch in diese wunderschöne Form gebracht hat!

Meinen Sponsoren: Pepelinchen.de, stoffe.de und Prym.de, für das Bereitstellen der wunderschönen Stoffe und Nähzutaten!

Meiner Schnittdirectrice Ellen Schöning von „Schnittmuster Berlin", ohne die ich bei den Schnitten verzweifelt wäre!

Und ich danke dir, dass du mein Buch gekauft hast und es bis hierher gelesen hast! Und falls du das Buch noch nicht gelesen, sondern nur bis hierher geblättert hast, dann freue ich mich trotzdem!

Deine Karin

Impressum

Bibliografische Information der Deutschen Bibliothek.

Die Deutsche Bibliothek verzeichnet diese Publikation in der Deutschen Nationalbibliografie.

Detaillierte bibliografische Daten sind im Internet über http://www.dnb.de/ abrufbar.

EIN BUCH DER EDITION MICHAEL FISCHER

1. Auflage 2024

Covergestaltung, Layout und Satz: Bhavya

Fotos: Atelier Brix München,
Corinna Teresa Brix

Stepfotos: Karin Moslener

Redaktion und Lektorat: Anja Brinkman,
Saskia Reusch

ISBN 978-3-7459-2054-3

Gedruckt bei C&C PRINTING 14/F, C&C Building 36 Ting Lai Road Tai Po New Territories Hong Kong Tel: (852) 2666 4988

www.emf-verlag.de